KLEINE
Entdeckungsreise

Tiere auf dem Bauernhof

paletti

Auf dem Bauernhof

Nutztiere werden wegen ihres Fleisches, der Eier, ihrer Milch oder ihrer Wolle gehalten. Einige Bauern haben nur eine Sorte Tiere, andere halten viele verschiedene.

Stall

Schweinestall

Ein Bauer gibt seinen Tieren Futter, Schutz und sorgt sich um sie, wenn sie krank sind.

Arbeitstiere wie Hütehunde helfen dem Bauern bei der Arbeit.

Viele Bauern halten nicht nur Tiere, sie

Feld

Scheune

Rasse

Eine **Rasse** ist eine bestimmte Tiersorte. Sattel-
schwein, Bentheimer Landschwein und die Deutsche
Landrasse sind alles
Schweinerassen.

Bentheimer
Landschwein

Sattelschwein

Deutsche Landrasse

Bauernhaus

Teich

Schweine

Im Freien suchen Schweine nach
Wurzeln, Würmern und Insekten,
die sie fressen. Sie mögen auch
Eicheln gern. Im Stall bekommen
sie Futter vom Bauern.

Schwanz kann
geringelt oder
gerade sein

stoppelige Haut

kleine Augen

Steh- oder
Hängeohren

vier Zehen an
jedem Fuß

flache
Schnauze

▲ In einigen Ländern lassen
die Menschen Schweine
nach Trüffeln suchen. Trüffel
sind eine begehrte Pilzsorte.

Schweine sind rosa, braun oder weiß,

Ein weibliches Schwein nennt man Sau. Zweimal im Jahr bekommt die Sau sechs bis zwölf **Ferkel**, die sie mit ihrer Milch **säugt.**

▲Schweine schlafen am liebsten auf Stroh oder **Holzspänen** in einem sauberen, trockenen Schweinestall.

▼ Schweine wälzen sich gern im Schlamm! Das kühlt ihre Haut und schützt sie im Sommer vor Sonnenbrand.

manche haben Flecken oder Streifen.

Hühner und Puten

Fächerschwanz

hellbraune Spitzen

rosafarbene
Haut am Hals

roter Kehllappen

◀ Ein Puter
fächert seinen
Schwanz auf,
um Weibchen
anzulocken
oder Feinde
zu verjagen.

Dorn

Puten werden wegen ihres Fleisches
gehalten. Der Bauer füttert sie, bis sie so
groß sind, dass sie nicht mehr fliegen
können. Hühner sind kleiner und liefern
Fleisch und Eier.

Die meisten Hühner sind braun, können

▶ Freilandhühner sind tagsüber draußen. Sie picken im Gras nach Würmern, Insekten und Samen. Nachts schlafen sie im Hühnerstall. Auf einem großen Hühnerhof leben über 2.000 Hühner. Die Vögel leben im **Schwarm** zusammen.

▼ Eine Henne legt bis zu fünf Eier in das Stroh des Hühnerhauses. Der Bauer nimmt ihr die Eier weg und verkauft sie.

aber auch blau, grün, weiß oder rosa sein.

Tiere auf dem Hof

Nicht alle Tiere eines Bauernhofs sind Nutztiere. Es gibt auch Haustiere und solche, die dem Bauern bei seiner Arbeit helfen. Sie werden Arbeitstiere genannt.

Eulen fressen Mäuse, Bauern hängen manchmal Kästen auf, damit Eulen in der Scheune nisten können.

Einige Bauern haben Hunde zum Hüten des Viehs. Auf vielen Höfen gibt es auch Wachhunde.

Auf Milchhöfen werden Katzen für das

▼ Gänse sind gute Wächter.
Sie verjagen Eindringlinge
mit lautem Geschrei.

Ratten und Mäuse zerstören
das Getreide und verbreiten
Krankheiten. Katzen jagen
und fangen sie.

Mäusefangen mit frischer Milch belohnt.

11

Ziegen

Ziegen fressen jede Art von Gras und eignen sich deshalb auch für Höfe im Gebirge, wo das Gras nicht so reichhaltig ist. Bauern halten Ziegen wegen ihrer Milch, ihres Fleisches und der Wolle.

◀ Eine weibliche Ziege bekommt ein bis fünf **Zicklein**, am häufigsten bekommt sie Zwillinge.

Rassen

Einige Ziegen, wie die Angoraziegen, werden wegen ihres weichen, seidigen **Vlieses** gehalten, aus dem Garn gemacht wird. Andere, wie die Toggenburgziege und die Anglo-Nubische Ziege, sind Milchziegen und geben viel Milch.

Angora

Ziegen sind Profis im Davonlaufen,

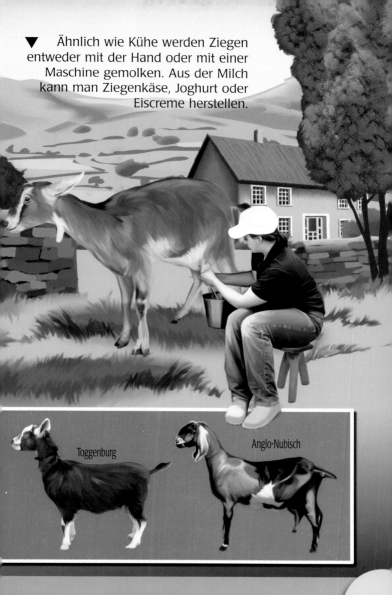

Ähnlich wie Kühe werden Ziegen entweder mit der Hand oder mit einer Maschine gemolken. Aus der Milch kann man Ziegenkäse, Joghurt oder Eiscreme herstellen.

Toggenburg

Anglo-Nubisch

sie klettern über Mauern und Zäune.

13

Milchkühe

Im Frühling und im Sommer **grasen** Kühe den ganzen Tag lang. So können sie viel Milch produzieren.

▼ Mist besteht aus Kuhdung und Stroh. Der Bauer verteilt ihn auf dem Feld, damit die Saat besser wächst.

◀ Ein neugeborenes Kalb trinkt bei seiner Mutter Milch. Nach ein paar Tagen bekommt es anderes Futter. Dann kann der Bauer die Kuh jeden Tag melken.

Rassen

Holstein-Friesische Kühe geben mehr Milch als alle anderen, die braune Schweizerkuh ist auf dem zweiten Platz. Von der Jerseykuh kommt fettreiche und cremige Milch.

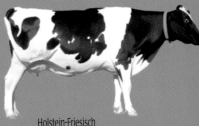

Holstein-Friesisch

Jede Kuh hat eine Marke im Ohr, damit

Kühe werden zweimal
täglich gemolken. Aus der
Milch wird Trinkmilch,
Quark, Butter, Käse
oder Joghurt
gemacht.

Jersey

Schweizer

der Bauer sie identifizieren kann.

Rinder

Männliche Rinder (Bullen) werden wegen des Fleisches und ihrer Haut, aus der Leder gemacht wird, gehalten.

Ein Kalb bleibt bei seiner Mutter, bis es sechs oder sieben Monate alt ist.

Rassen

Einige Rassen wie das Texanische Longhorn haben besonders lange Hörner.

Texanisches Longhorn

Das Horn eines Watussirindes aus

In den USA leben Rinder auf riesigen **Farmen.** Kuhhirten (Cowboys) treiben sie zusammen, damit sie das Brandzeichen ihres Besitzers erhalten.

◀ Einige Rinder leben das ganze Jahr über draußen. Im Sommer fressen sie Gras, und im Winter werden sie mit Heu gefüttert.

Charolais

Hereford

Pferde

Pferde ziehen auf dem Bauernhof Maschinen, Karren oder helfen beim Zusammentreiben der Rinder. Einige Bauern besitzen Pferde auch nur aus Freude am Reiten.

▼ Tagsüber grasen die Pferde auf der **Koppel.** Nachts sind sie im Stall. Der Stall wird jeden Morgen **ausgemistet**, damit die Pferde sauber und gesund bleiben.

Pferde können, weil sie spezielle Muskeln

▼ Auf großen Höfen oder Rinderfarmen in den USA treiben der Kuhhirte und sein Pferd Rinder wie das Texanische Longhorn zu **Herden** zusammen.

◄ Arbeitspferde nennt man auch Zugpferde.

Schafe

Gemeinsam mit einem Hütehund treibt der Bauer die Schafherde zusammen. Er pfeift und macht Handzeichen.

Zu Beginn des Sommers werden die Schafe geschoren. Die wolligen Vliese werden verkauft, und aus ihnen entstehen Hüte, Schals und Kleidung.

▼ Sobald das Mutterschaf ein Lamm zur Welt gebracht hat, leckt sie es sauber.

Ein Lamm erkennt seine Mutter am

Schafe können das ganze Jahr über draußen leben. Auch auf verschneitem Gelände hält ihr wolliges Fell sie warm.

▶ Ein erfahrener Scherer kann bis zu 200 Schafe am Tag scheren.

Blöken – das Geräusch, das sie macht.

21

Erläuterungen

Ausmisten
Mist und altes Stroh aus einem Stall entfernen und sauberes, frisches Stroh oder Holzspäne hineinlegen. Es muss jeden Tag ausgemistet werden.

Enthornt
Eine Kuh, ein Schaf oder eine Ziege ohne Hörner. Einigen Arten wurden die Hörner entfernt, andere haben naturgemäß keine.

Ferkel
Ein Babyschwein.

Grasen
Wenn ein Tier grast, frisst es Gras, das auf einer Wiese wächst.

Herde
In einer Gruppe lebende Tiere. Herdentiere wie Kühe stellen sich gern bei schlechtem Wetter oder nachts zusammen. Tagsüber verteilen sie sich, um zu grasen.

Holzspäne
Kleine Holzstücke, etwas größer als Sägemehl, auf denen Tiere wie Schweine oder Pferde schlafen können.

Koppel
Eine kleine Weide, auf der Pferde herumlaufen können.

Korral
Ein umzäunter Bereich, in dem Kühe, Schafe oder Pferde eingefangen werden.

Nutztiere
Tiere, die wegen ihres Fleisches, der Eier, ihrer Milch, ihrer Haut oder ihrer Wolle gehalten werden.

Rasse
Eine bestimmte Sorte von Tieren mit ähnlichen Eigenschaften und Fähigkeiten.

Säugen
Wenn ein Tierbaby von seiner Mutter Milch trinkt.

Schwarm
Eine Gruppe von Vögeln, z. B. Hühner.

Stall
Ein Gebäude, in dem Tiere nachts oder bei schlechtem Wetter untergebracht werden.

Farm
Ein sehr großer Bauernhof, auf dem Tiere gehalten werden.

Vlies
Das dicke wollige Fell von Schafen oder Ziegen.

Zicklein
Ein Ziegenbaby.